AF190178

Liebe Leserin, lieber Leser,

in diesem Gedichtband habe ich die Natur und ihre Tierwelt zum Thema gemacht. Sie zu pflegen, für unsere Nachkommen zu bewahren und die Schönheiten zu sehen, die uns täglich begegnen - das war der Ansporn für diesen Band.

Ich wünsche Ihnen viel Freude damit.

Ihre

Heike Boeke

Heike Boeke

Gedichte über die Schönheit der Natur

Bibliografische Information der Deutschen Nationalbibliothek:
Die Deutsche Nationalbibliothek verzeichnet diese Publikation in der Deutschen Nationalbibliografie; detaillierte bibliografische Daten sind im Internet über http://dnb.dnb.de abrufbar.

Herstellung und Verlag: BoD – Books on Demand, Norderstedt

ISBN: 978-3-7460-1687-0

Inhalt

Blauer Planet im Dunkel reisend
Ellipsen um die Sonne kreisend

Gepeinigt von der Menschen Gier
Bewohnt von allerlei Getier

Grau ist schon dein Angesicht
Viel Luft zum Atmen hast du nicht

Manch Tier und auch die Pflanzenwelt,
verkauft sind sie für schnödes Geld

Die Hitze steigt, das Wasser mit
Das Klima ist auch nicht mehr fit

Mit Müll bedeckt dein Wasserkleid
Der bringt dem Tier unendlich Leid

Was geht mich an, wenn Andre leiden?
Warum soll ich grad Müll vermeiden?

Die Menschheit irrt jedoch und denkt
Jahrzehnte werden ihr geschenkt

So denkt der Mensch und irrt so sehr
Bald gibt es keine Menschen mehr

Denn du kannst keine Heimat geben,
für Menschen, die auf Pump nur leben

Für solche, die nach Geld nur streben
Für Menschen, die kein Leben achten
Die nur nach Macht und Reichtum trachten

So wirst dich eines Tages fragen:
"Möcht ich euch Menschen weiter tragen?"

Die Antwort, die wird furchtbar sein
Wird lauten nämlich deutlich NEIN

Verlieren werden wir dich bald,
wenn wir gebieten uns nicht Halt

Wenn wir begegnen dir mit Achtung
Ziehn unsre Fehler in Betrachtung

Wenn deine Schönheit wir erkennen
und uns von unsrer Gier auch trennen

Nicht denken nur ans eigne Glück
Auch geben Andern ab ein Stück

Dann wirst vielleicht Erbarmen kennen
Lässt uns nicht ins Verderben rennen

Doch die Geduld nicht lang mehr währt
Drum Mensch, ich bitte dich mach kehrt

Rosen

Rose duftet süß betörend
Nur die Dornen, sie sind störend

Wie das Leben, so ist sie
Pure Schönheit, die gibt`s nie

Denn Stacheln hat das Leben auch
Genauso wie der Rosenstrauch

Der Gärtner

Die Erdenscholle fest im Blick
Aufgereiht die Beete schick

Der Gärtner steht am Wegesrand
Stets mit der Hacke in der Hand

Vor seinem Auge jetzt entsteht,
was er im Jahr zuvor gesät

Erst kleine grüne Spitzen sprießen,
die er sogleich dann muss begießen

Dann bricht hervor die ganze Pracht,
besonders wenn die Sonne lacht

Es duftet herrlich, Farbe knallt
Dem Unkraut er gebietet Halt

Die Ernte schließt sich bald drauf an
Die Körbe, sie sind voll sodann

Brach liegt das Beet vor seinen Füßen
Der Winter lässt jetzt bald schon grüßen

Er legt hinein die Saat geschwind,
damit ein Vogel sie nicht find

Nun schläft die Saat und ruht darunter
Im Frühling sie dann wieder munter

Die Tomate

Samen pflanz ich in die Erde,
dass die Ernte reich dann werde

Staude, die wird groß und grün
In der Sonne wird sie blühn

Blütenpracht, das Herz mir lacht
Adlerauge drüber wacht

Früchte grün, in großer Menge
An der Staude viel Gedränge

Sonne strahlt vom Himmel blau
Jeden Tag ich nach ihr schau

Da, die erste Frucht wird rot!
Welch ein schönes Bild sie bot

Stolz geschwellt ist Gärtners Brust
Reiche Ernte - hab`s gewusst

Die Weintraube

An Reben hängt sie dick und schwer
Mit Saft ist sie gefüllt gar sehr

Die Sonne scheint auf ihren Rücken
Jedoch man kann sie noch nicht pflücken

Sie ist für Besseres gemacht
Daher pass auf und gib gut Acht

Fürs Öchsle schlägt des Winzers Herz
Denk nicht das ist ein fröhlich Scherz

Denn wenn die Nächte frostig kalt,
gibt`s für den Winzer keinen Halt

Pflückt dann die Traube tief gefroren
Ein Eiswein, der wird jetzt vergoren

Des Eises Hauch die Traub hat sacht
alsbald zur Königin gemacht

Frühling

Zarte Blätter überall
Frühling kommt mit einem Knall

Blüten sprießen, Himmel lacht
Überall Natur erwacht

Leichtigkeit schwebt durch die Lüfte
Winterspeck klebt an der Hüfte

Sonne ist noch nicht sehr warm
Jacke daher noch am Arm

Frühling voller Lebenslust
Weg ist jetzt der Winterfrust

Sommer

Heiß und gleißend scheint die Sonne
Ferienzeit, ach eine Wonne

Eiskaffee und Sonnenbrand
Da wo keiner ist, nen Rand

Schatten such ich unter Bäumen
Hier nun kann ich liegend träumen

Felder sonnenblumengelbe
Schiffe fahren auf der Elbe

Sommerregen prasselnd fällt
Gewitter sich dazu gesellt

Hitzeglut und Eis am Stiel
Sommersonne satt und viel

Herbst

Des Himmels Blau ist heller nun
Der Farbstift hat nun viel zu tun

Blätter gibt es rot und braune
Blicke hoch zum Baum und staune

Wirbelnd fallen sie hernieder
Neue wachsen bald dran wieder

Herbstwind bläst gewaltig laut
Vorm Winter es mir jetzt schon graut

Die wärmend Sonne tief sich neigt
Ein letztes Lied die Grille geigt

Die Vögel ziehen fort von hier
Zum Schlafen legt sich manches Tier

Tage voller letzter Strahlen,
bevor sie kommen jetzt - die Fahlen

Gänsehaut und Nase rot
Landschaft sieht so aus wie tot

Lautlos fällt der Schnee hernieder
Kinder singen Weihnachtslieder

Glatt ist`s und der Himmel grau
Ich mich vor die Tür nicht trau

Schneemann bauen, Schlittschuhfahrt
Raureif hängt dabei im Bart

Marzipan und Schokolade
In süßen Wonnen ich nun bade

Doch endlich wird es wieder heller
Die Sonne, sie steigt wieder schneller

Der Winter ist jetzt bald vorbei
und mit ihm diese Völlerei

Herbstwind

Es braust der Wind um jede Ecke
Man hüllt sich ein in eine Decke

Die Blätter wirbeln in der Luft
Geruch nach Röstkastanienduft

Die Haare stehn in jede Richtung
Kahle Bäume auf der Lichtung

Durch raschelnd Laub hindurch man geht
Ein Hauch von Winter uns umweht

Ein Feuerwerk an Farbenpracht
Die Natur noch einmal lacht

Es kracht und zischt und blitzt gewaltig
Vor Angst ist mein Gesicht ganz faltig

Ich schau zum Himmel, er ist grau
Zu rasten mich daher nicht trau

Die dunklen Wolken hängen tief
Am ganzen Körper ich nun trief

Der Himmel grell und voller Wut
Verlassen gänzlich Mut mich tut

"Wohin nur ?" denk ich jetzt ganz schnell:
"Wo kann ich retten nun mein Fell?"

Die Hütte dort auf dieser Kuppe
Vielleicht gibt`s dort ne warme Suppe

Ein Glück der Wirt, er ist zu Hause
und ich genieß nun diese Jause

Wolken

Ziehen Wattebäuschen gleich
Bahnen durch ihr Himmelreich

Wellen, Knubbel, feine Fäden
Phantasiegebilde schweben

Graue Wände türmen sich
anzusehn gar fürchterlich

Blitze zucken auf und nieder
Wolkentürme stehen wieder

Plötzlich ist der Himmel blau
Nach der nächsten Wolk ich schau

Wolkentürme dunkelgrau
Ich mich vor die Tür nicht trau

Es braust, es rüttelt, es ist ein Tosen
Vorbei es fliegen schon zwei Hosen

Ich renne, rette, stemme mich
Der Schirm bedenklich beugt er sich

Kein Auge kann ich zu mehr machen
Mir ist beileibe nicht zum Lachen

Urplötzlich sehe ich die Sterne
Es tost jetzt nur noch in der Ferne

So leg ich mich erschöpft zur Ruh
und mache meine Augen zu

Der Nebel

Wie weiche Watte fühlt sich`s an
Die Hand vorm Aug nicht sehen kann

Grauer Vorhang hüllt mich ein
Wasser staubt und nieselt fein

Laute Schritte dumpf verhallen
Nebelschwaden wabernd fallen

Klarheit suchend, fahles Licht
Sonne durch die Schleier bricht

Verdunstet ist die dichte Brühe,
in der ich sah nur mit viel Mühe

Der Himmel ist jetzt klar und blau
Ich auf die Strass mich wieder trau

Sommerhitze

Es perlt von Stirn und Nacken heiß
Man sucht verzweifelt Geld fürs Eis

Der Schatten hält nicht, was er verspricht
Der Schweiß aus allen Poren bricht

Die Luft steht in geschlossnen Räumen
Von kühlem Wind kann ich nur träumen

Doch denk ich an des Sommers Hitze,
wenn ich in Winterkälte sitze

Drum freu ich mich, dass Sommer ist
Denn bald wirst du gar sehr vermisst

Der Baum

Im Wald steht er auf festem Grund
Geschlagen hat die letzte Stund

Die Axt, sie setzt zum Schlage an
und niemand mehr ihn retten kann

Zur Erde neigt er sterbend sich
Er einem andern Baum nun wich

Im grünen Moos liegt er gefällt
Zu kaufen gibt es ihn für Geld

Der Wald

Ich atme tief den moosig Duft
Blätter wirbeln in der Luft

Ein Lichtstrahl fällt durchs Blätterdach
Die Vögel singen schon hellwach

Waldboden federt meinen Schritt,
Zu hören ist kaum Menschenschritt

Ein scheues Reh kreuzt meinen Weg
Übers Bächlein führt ein Steg

Zu meinen Füßen wimmelt es
Die Eichkatz schaut vom Baum aus kess

Durch Wipfel ich den Himmel seh
Beschwingt ich meines Weges geh

Wie schön ist`s hier im Wald ich denk
Zur Einkehr meinen Fuß ich lenk

Pilze

Hütchen stehen kunterbunt
Manche davon kugelrund

Haben Falten oder Röhren
Stehen manchmal unter Föhren

Manche Schnecke biss ein Loch
Stehn im Boden fest jedoch

Im goldnen Herbst kannst du sie sehen,
wie sie da im Walde stehen

Stehen nur auf einem Bein
Welche Blume kann das sein?

Die Biene

Im Blütenkelch hört man es summen
Mitunter ärgerlich gar brummen

Sie saust hervor, trägt an den Beinen
Kostbaren Blütenstaub, den Reinen

Flugs zum Bienenstock zurück
Kann kaum fassen Honigglück

Die andern Bienen neidvoll schauen
Zu fragen kaum sie sich nun trauen

Doch Bienentanz die Antwort zeigt
Der Schwarm nun in die Lüfte steigt

Gesammelt wird bis in die Nacht
Der Honig in der Wabe lacht

Der Frosch

Er hüpft und quakt und macht Radau
Voll Wut ich auf den Teich jetzt schau

Mein Teich sollt Ruheort doch sein,
wo ich genießen wollt den Wein

Ein Frosch hat keck ihn heut besetzt
Sein Ruf die Ruh hat nun zerfetzt

Doch denk ich dann, wie schön es ist,
dass er manch Mücke mir wegfrisst

So kann ich noch mehr Ruh genießen
und Feierabend nun begießen

So quak und hüpfe munter weiter
Denn Leben kann doch sein so heiter

Schleimend kriecht sie zum Salat
Setzt nun an zur frischen Tat

Liebe Schneck ich rate dir:
"Such dein Essen nicht gerad hier!"

Drüben in des Nachbars Garten,
gibt`s viel Besseres an Saaten

Wenn du daher willst noch leben,
solltest jetzt dorthin du streben

Willst jedoch ins Schneckenreich,
kannst du`s haben jetzt und gleich

Der Esel

Die Ohren lang, das Fell ganz grau
In große braune Augen schau

Man hört ihn kilometerweit
So laut ist`s ,wenn er heftig schreit

Er stampft mit seinen Füßchen auf
Wenn er nicht will bremst er den Lauf

Die Schwalbe fliegt im Herbst weit fort,
an einen für sie wärm`ren Ort

Wir sitzen hier jedoch im Kalten
Wärmend unsre Mäntel haltend

Sie fliegt gen Süden übers Meer
Ich vermiss sie jetzt schon sehr

Der Weg ist weit und voll Gefahr
Ich hoff gekrümmt wird ihr kein Haar

Doch oftmals kommt sie nicht mehr wieder
und singt bei uns nun keine Lieder

Auch ihre Heimat oft nicht mehr da,
wo einst ihr kleines Nest hier war

So fliegt sie suchend hin und her
Ein Freund jetzt für sie wichtig wär

Sie wünscht sich für die kleine Brut,
dass es ihr geht bald wieder gut

Das Menschen an die Zukunft denken
und ihr ein bessres Leben schenken

Die Spinne

Ihre Netze, sie sind filigran
Leise zieht sie ihre Bahn

Fäden durch die Lüfte wehen
Weh wenn du sie kannst nicht sehen

Klebend hängt die Fliege dran
Flink die Spinne kommt heran

Dreht und wendet, spinnt sie ein
Beißt sodann recht herzhaft rein

Trocken ausgelaugt fällt sie hernieder
Spinne dann versteckt sich wieder

Satt sie hängt nun in den Seilen
Nächstes Mal sie muss nicht eilen

Fäden durch die Lüfte wehen
Weh wenn du sie kannst nicht sehen

Die Katze schleicht auf leisen Pfoten
Sie weiß, sie tut was hier verboten

Die Augen werden kleine Schlitze
Sie schauen durch die engen Ritze

Die Maus, sie wuselt so umher
Jetzt sie zu fangen ist nicht schwer

Doch halt, da war doch ein Geräusch
Fatal wär es, wenn ich mich täusch

Die Katze hebt die Pfote leicht
Ihr Schwanz hoch in den Himmel reicht

Ihr Sprung, so leicht wie eine Feder ist
Die Maus kein Hälmchen mehr nun frisst

Die Mücke

Die Mücke summt, ich steh im Bett
Sie hat gestochen und ist fett

Ein Lappen nehm ich in die Hand
und schlage fest jetzt an die Wand

Juchhe, jetzt ist die Mücke tot
Die Wand dafür nun ist ganz rot

Die Laus

Die Laus, die sucht sich eine Maus
Denn sie will bauen sich ein Haus

Doch kratzt die Maus sich an den Ohren,
dann ist das neue Haus verloren

Frühling ist es endlich wieder
Vögel singen ihre Lieder

Sitze auf der Fensterbank
Höre hellen Vogelklang

Ach wie schön ist's euch zu hören
Eure Lieder mich betören

Winter war so still und leer
Harrte eurer Wiederkehr

Die Kuh-Glocke

Am Hals hängt sie mir groß und schwer
Es bimmelt in den Ohren sehr

Die Fliegen schwirren unentwegt
Die Glock sich hin und her bewegt

Ach Mensch ,was findest du daran,
wenn ich nicht Ruhe haben kann?

Drum häng sie dir doch selber um,
damit der Hals dir auch mal krumm

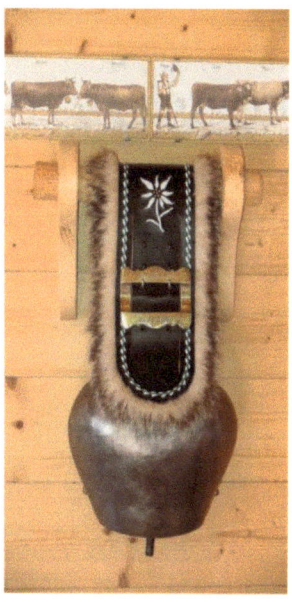

Ein Löwe in der Wiese

Auf meiner Wiese steht ein Löwe
Gelb ist er und auch ganz zerzaust

Die Zähne, sie sind groß und grün
Im Frühling sie zuerst aufblühn

Um die Wette strahlt er mit der Sonne
Das zu sehen ist mir die reine Wonne

Doch grau wird bald sein gelbes Haupt
Der Wind nun manches Haar ihm raubt

So schau ich wie sein Kopf wird kahl
und sein Gesicht, es wird ganz fahl

Ich weiß jedoch, er kommt bald wieder
Gar schneller, als mein weißer Flieder

Allein wird er dann nicht mehr sein
Zu Ende ist nun dieser Reim

Die Sonnenblume

Gelbe Haare, strahlend Kranz
Antlitz blitzt in hellem Glanz

Wendet stetig ihr Gesicht
Stets auf Sonne ist erpicht

Stamm an Stamm fest in der Erde
Fast wie eine Pferdeherde

Vogelschwärme auf und nieder
Samen gibt es hier jetzt wieder

Felder gelb wie Sonnenstrahlen,
lässt August jetzt hell erstrahlen

Bald jedoch der Sonnenkranz
lässt den Kopf nun hängen ganz

Doch die Freude sie zu sehen
hält auch an, wenn sie bald gehen

Der Mond

Vollmond schaust mich lächelnd an
Ziehst mich Mensch in deinen Bann

Bald wirst aber dünn und schmal
Licht erscheint jetzt nur noch fahl

Doch nach kurzer Zeit dann wieder
scheinst als Vollmond herrlich nieder

Mondlicht leuchtet in der Nacht,
über meinen Schlaf nun wacht

Der Tag erlischt, es kommt die Nacht
Die Sonne geht, der Mond nun wacht

Vom Himmel nur noch Sterne strahlen
Figuren in den Himmel malen

Da ist die Waag, der große Bär
Die Sterne sind ein großes Heer

Das laut Gebraus des Tages weicht
Die Träume, sie sind federleicht

So wachst du auf und bis erquickt,
wenn Sonne ihre Strahlen schickt

Als kleine Quelle er beginnt
Im Fels das klare Wasser rinnt

Ein Rinnsal ist er erst noch jetzt,
bevor er durch die Schluchten hetzt

Es gurgelt und es spritzt die Gischt
Das Wasser wie ne Schlange zischt

Ein Blatt, das wirbelt schnell im Kreis
Wohin es geht, es selbst nicht weiß

Der Fluss, er wird nun immer breiter
Auf ihm die Schiffe fahren heiter

Ein Fischlein springt in seinen Fluten
Entwischt so manchen Angelruten

Doch da, es riecht ganz plötzlich streng
Im Magen wird es ganz ganz eng

Es stinkt und Schaum treibt hier an Land,
wo einst das klare Wasser stand,
welch weit entfernt den Anfang fand

Nun ist es eine dunkle Flut,
worauf ich schau mit mächtger Wut

Was hast du Mensch aus ihm gemacht,
aus seiner einstgen großen Pracht ?
Der Fluss, der vormals hell entstand
nun hier sein elend Ende fand

Grau fließt er aus der Trommel raus
Aus ihm soll jetzt gebaut ein Haus

Er quillt und schmatzt und füllt die Ritzen
Man möcht auf dem Balkon bald sitzen

Doch hässlich ist sein graues Kleid
Wer darin wohnt, der tut mir leid

Die Bauwut und das schnelle Geld
Sie machen ihn zum Superheld

Wie Lava fließt er übers Land
Er hinterlässt ein graues Band

Weg sind die Blumen und das Gras
Der Mensch, er kannte nicht das Maß.

So sitzt er nun in Betonteilen
Die Wunden kann er nicht mehr heilen

Kein Vogel singt sein Lied im Baum
Natur, sie ist vergangner Traum

Januar

Im Januar das Jahr beginnt
Durch Bäume braust der kalte Wind

Die Tage werden länger nun
Doch Winter hat noch viel zu tun
Erstarrte Landschaft, tiefer Schnee
Weiße Welt wohin ich seh

Die Sonne steigt, hat keine Kraft
Zu schmelzen sie das Eis nicht schafft

Die Himmelssterne heller strahlen
Sie Tiere in den Himmel malen

Der Ostwind schüttelt an den Türen
Kalt sind die Hände, kaum zu spüren

Der See gefroren, Zapfen aus Eis
Berge haben eine Kappe in Weiß

Der Januar hat ein kalt Gesicht
Doch Februar ist bald in Sicht

Der Februar ist kurz und knapp
Der Winter macht jedoch nicht schlapp

Die Tage jedoch länger jetzt
Manch Blume sich schon durchgesetzt

Ein weißes Glöckchen hier und da
Seidelbast ich auch schon sah

Die Vögel fangen an zu singen
und Menschen fangen an zu springen

Denn Fastnacht mit Narri Narro,
Hellau und auch noch Heijaso,
die wurd bereits schon heiß ersehnt
In alten Büchern schon erwähnt

Mit Peitschen, Stecken, Ratschen, Krach
will rütteln man den Frühling wach

Es tropft aus allen Ecken nun
Die Sonne hat jetzt viel zu tun

Der März ist da, mehr Blumen auch
Es blüht der Krokus unterm Strauch

Die Vögel singen unentwegt
Manch Pulli wird nun abgelegt

Hier und da noch weiße Flecken
in den dunklen kalten Ecken

Doch die Sonne scheint mit Kraft
Grüner Halm es langsam schafft

Man ahnt schon ersten Frühlingshauch
Es zwitschert laut im Haselstrauch
Der kalte Winter bald vorbei

April

Auf warme Sonne folgt der Regen
Für Erdenscholle er ein Segen

Wechselhaft ist der April
Macht ja doch nur was er will

Dünne Jacke, Schirm am Arm
Einmal kalt und einmal warm

Vögel bauen unentwegt
Neues Leben sich bald regt

Erste Bäume Knospen dick
Die Natur macht sich jetzt schick

Auch wenn du recht launenhaft
Winter ist jetzt doch geschafft

Weiß und rosa blühn die Bäume
Wiesen gelb, ich glaub ich träume

Märchenhaft ist jetzt die Welt
Nichts mich auf dem Sofa hält

Herz hüpft hoch und Augenstrahl
Fort sind jetzt die Tage fahl

Frühling ist nun voll im Gange
Hab auf dich gewartet lange

Wanderschuhe, Maientanz
Mädchen flechten bunten Kranz

Mai, ich liebe dich so sehr
Von dir soll's geben noch viel mehr

Juni

Der sechste Monat schon nun ist
Den längsten Tag er auch bemisst

Die Sonne scheint vom Himmel grell
Die Tage sind besonders hell

Die Rose blüht in voller Pracht
Gemüs in meinem Beete lacht

Der Weizen wiegt im Sommerwind
Geschaukelt wie ein kleines Kind

Wie schön doch Junimonat ist,
denn bald der Tag schon kürzer ist

Es flirrt die Sonn vom Himmel nun
Der Bauer hat nun viel zu tun

Prall am Halm steht Weizenkorn
Blitze zucken hell im Zorn

Heiß ist es und man schwitzt
Gerne man im Schatten sitzt

Urlaubszeit und pure Freude
Nicht im Haus man Zeit vergeude

Meereswogen, Berge steile
Sommer bitte noch verweile

Felder liegen braun und leer
Vom Sommer fällt der Abschied schwer

Erste Vögel ziehen fort,
an einen weit entfernten Ort

Gelb die Sonnenblumen stehen
Köpfe mit der Sonne gehen

Hellblau ist der Himmel nun
Bauern haben viel zu tun

Sonne neigt ihr Angesicht
Herbstlich Leuchten bald anbricht

Sommer war zu kurz für mich
Jetzt verabschiedet er sich
Drum ich denk an warme Tage
Auf schönen Herbst zu hoffen wage

September

Erste Blätter werden bunt
Nebel macht den Herbst schon kund

Grille zirpt ihr letztes Lied
Herbstwind durch die Lüfte zieht

Kurz die Tage
Adieu ich nun zum Sommer sage
Trocknes Laub
Sommerkleider nun einstaub

Die Farben leuchten intensiver
Die Sonne steht schon wieder tiefer

Nebelschwaden in der Früh
Aus meinem Bett komm ich mit Müh

Bunte Pilze im Walde stehen
Hier und da du kannst sie sehen

Der Herbstwind streicht nun um die Türen
Manches Mal schon kann Winter man erspüren

Doch gibt es auch noch warme Tage,
an denen ich mich raus noch wage

Gefeiert wird der Ernte Dank
Gefüllt der Kirche letzte Bank

Oktobersonne hell und klar
Wie schön das Jahr doch wieder war

November

Dem Baum genommen wurd das Kleid
Die Blätter flogen fort nun weit

Im Nebel stehn sie kahl und dunkel,
wo einst das Blätterdachgefunkel

Besuch die Toten nun erhalten
Die dunkle Zeit des Jahrs beginnt
 Man sieht manch finstere Gestalten
Doch hofft sie gehen fort geschwind

November Monat trüb und grau
Ich traurig aus dem Fenster schau

Dezember

Das Jahr neigt sich dem Ende zu
Der erste Schnee fällt noch dazu

Das Jahr, so schnell ist`s doch vergangen
Oft war ich in der Zeit gefangen

Dezember lässt mich innehalten
Auch die Natur nun kommt zur Ruh
So kann ich mal die Hände falten
und mache meine Augen zu

Manch Hektik der vergangnen Tage
Ich aufzuatmen wage
Die sind vergangen, fort und weg
Doch auch das Jahr ist weg, oh Schreck

Drum nutz die Zeit die dir gegeben
Die Jagd nach Macht ein unnütz Streben

Meine Veröffentlichungen

Gedichte zum Schmunzeln

ISBN: 978-3-7460-3090-6
Lach mal wieder

Gedichte Mensch

ISBN: 978-3-7460-3383-9
Gedichte über und für Menschen

Oskars Reise

*ISBN: 978-3-**7448-0928-3***

Dieses Buch habe ich allen Kindern und Erwachsenen ge-
widmet, die mit einer körperlichen oder geistigen Ein-
schränkung leben. Die Geschichte erzählt von einem Jun-
gen mit Namen Oskar, der durch einen Traum lernte, dass
jeder Mensch liebenswert und einzigartig ist und auch ein
Leben mit Einschränkungen ein schönes Leben ist

Tiergeschichten
von Heike Boeke
ISBN: 978-3-7460-3467-6

Lassen Sie sich überzeugen von Caro, die den Mut hatte sich ihre Träume zu erfüllen, von Marvin der lernte, dass er auch als Erpel die Welt erobern kann und von Clothilde, die merkte, das Ballast hinderlich ist, um ein Ziel zu erreichen.

Wie oft träumen wir von etwas und trauen uns nicht unseren Traum Realität werden zu lassen ? Wie oft denken wir das reichere, schönere und erfolgreichere Menschen es besser haben? Wie oft hindert uns der tägliche Ballast unsere gesetzten Ziele zu erreichen? Lassen Sie sich von meinen drei Geschichten verzaubern ,die sowohl für Erwachsene als auch für Kinder von mir geschrieben worden sind.

Erfülle dir deine Träume!
Versuche nicht jemand anderes zu sein als du selbst!
Werfe den Ballast über Bord!